Thèse

POUR LA LICENCE.

A MES PARENS.

Tribut de Reconnaissance.

Faculté de Droit de Toulouse.

ACTE PUBLIC

POUR LA LICENCE,

En exécution de l'art. 4, tit. 2, de la loi du 22 ventôse, an 12.

SOUTENU PAR

M. Conté (Jean-Joseph),

Né à Mirande (Gers).

JUS ROMANUM.

LIB. II, TIT. I. — *De divisione rerum et acquirendo ipsarum dominio.*

RES, id est, *quidquid ejus naturæ est ut in bonis nostris esse possit*, sunt in patrimonio, aut extra patrimonium. — Res in patrimonio sunt communes, publicæ, universitatis, nullius et singulorum. Rebus, jure naturali, communibus, omnes liberè utuntur, earum tamen proprietas nemini separatim prodest : scilicet aer, mare, aqua profluens. — Res publicæ complectuntur, flumina, portus et ripæ : proprietas earum pertinet ad populum, usus verò ad singulos à populo. — Sunt universitatis, theatra, stadia, et alia quæ usu civitatis erecta sunt. — Res nundùm occupatæ, aut pro derelictis habitæ, veluti, feræ, lapilli, nullius proprietatem constituunt, primo occupanti sunt propriæ. — Per res singulorum intelligimus tandem, eas quarum dominium uniusque.

Res sacræ, religiosæ, et sanctæ sunt extra patrimonium : ea est earum divisio. — Sacræ, quæ Deo solemnitate usitatâ dicatæ sunt, ut vasa, ornamenta, œdes, et loci in quibus ædificatæ fuerunt. — Poterat dominus fundi eumdem fundum religiosum facere per illationem cadaveris; fiebatur eodem modo religiosus fundus alienus, aut communis, consentiente tamen domino aut socio. — Vocatæ sunt res sanctæ, muri et portæ civitatis, ex eo quod, pro violatione earum, infligebantur pœnæ graves, vel capitales.

Res acquiruntur jure gentium, et jure civili. Plurimi verò sunt modi acquirendi jure gentium, quorum primus occupatio.

De occupatione.

Occupatio est : *apprehensio realis rerum nullius eum animo sibi habendi.*

Occupatio per venationem, hostilitates, et inventionem perficitur. Bestiæ sunt aut feræ, aut mansuefactæ, aut mansuetæ. Acquiruntur solùm jure venationis, feræ, aut bestiæ mansuefactæ, quæ animum revertendi non servavêre. — Secundum genus occupationis est occupatio bellica. Ex jure gentium, quidquid ex hostibus capimus nobis proprium est. — Per inventionem verò acquirimus ex pleno jure, omnia quæ nullius fuêre, veluti lapilli et gemmæ, et aliæ maris productiones.

CODE CIVIL.

TITRE PRÉLIMINAIRE.

De la Publication, des effets et de l'application des lois en général.

Il ne suffit point qu'une loi soit revêtue de la sanction royale, il faut en outre qu'elle soit connue ou censée connue de tous, pour qu'elle puisse produire ses effets. Cette publication résulte de la promulgation qui en est faite par le roi; car le roi possède exclusivement le pouvoir de promulguer. Il y a cette différence sensible entre la sanction et la promulgation, que la sanction est l'approbation donnée par le roi, à un projet qui a été préalablement discuté et adopté aux chambres; tandis que la promulgation est le mode consacré, d'après lequel la loi est connue des citoyens, et devient obligatoire pour eux. La promulgation des lois s'opère au moyen de leur insertion au bulletin officiel. Mais comme le législateur a voulu que les lois fussent obligatoires dans toutes les parties du royaume, du moment où la promulgation a pu en être connue, il a dû, pour atteindre ce but, établir des règles invariables, mais qui ne sauraient cependant être basées que sur de simples présomptions. Ainsi, une loi est présumée connue, dans le département du siège du gouvernement ,un jour après sa promulgation, et dans les autres départemens, après l'expiration du même délai, augmenté d'autant de jours qu'il y a de fois dix myriamètres, entre le chef-lieu de la résidence royale et le chef-lieu de chaque département.

Tous les étrangers, sans distinction, qui habitent le territoire français, sont soumis aux lois que renferme le Code pénal. Ces lois étant créées pour la sureté de l'État, leur effet doit atteindre les étrangers, comme les Français eux-mêmes. Les immeubles que possèdent les étrangers en France, doivent également être régis par la loi française, c'est-à-dire, par les lois réelles. Enfin, les lois personnelles, c'est-à-dire celles concernant l'état et la capacité des individus régissent les Français, résidant même en pays étranger.

Il arrive souvent que les lois, par leur silence, leur défaut de clarté, rendent difficiles les décisions de la justice. Le devoir du juge alors est de les interpréter, et il ne saurait priver le justiciable de la justice qu'il réclame, sans se rendre passible des peines prononcées contre les coupables de déni de justice.

En donnant au juge la faculté de prononcer, dans certains cas, des sentences basées sur le principe de l'équité naturelle et l'inspiration de sa conscience, le législateur devait prévenir l'excès contraire. Ainsi, il n'a pas voulu que les tribunaux pussent fixer le sens d'une loi par des dispositions réglementaires. De telles dispositions fussent devenues obligatoires, et auraient eu force de loi. Or, la confection de la loi n'appartient qu'au pouvoir législatif.

Liv. 1. Tit. 1. — *De la Jouissance et de la Privation des droits civils.*

CHAPITRE PREMIER.

De la Jouissance des droits civils.

Avant de nous livrer à l'examen de cette matière, il est peut-être convenable que nous exprimions la différence qui existe entre les divers droits de l'homme. Les droits de l'homme en société sont politiques ou civils. Les droits politiques sont ceux en vertu desquels les citoyens peuvent participer à la puissance publique; tandis que les droits civils dérivent des rapports et des avantages dont les Français jouissent entre eux. Le titre qui nous occupe n'embrasse que ces derniers.

La loi attribue la jouissance des droits civils à tous les Français[1], il n'en est point de même des droits politiques, car les femmes et les mineurs sont exclus de l'exercice de ce droit. On naît Français, ou on le devient. En règle générale l'enfant suit toujours la condition de son père, quel que soit d'ailleurs le lieu de sa naissance et la condition de sa mère. Le Code a tracé les règles au moyen desquelles l'enfant né en France d'un étranger, et l'individu né en pays étranger d'un Français qui a perdu cette qualité, peuvent acquérir cette dernière qualité. Ces règles sont énumérées dans l'art. 9 du présent titre. On ne pouvait consacrer ce même principe en faveur de l'étranger, qui n'est censé résider en France que momentanément, ou qui y réside sans autorisation spéciale. Ce dernier, en effet, ne peut y jouir que des avantages résultant de la réciprocité établie par des traités entre la nation à laquelle il appartient et la nation française. Cette disposition a subi cependant quelques modifications, car la loi du 14 juillet 1819, accorde aux étrangers le droit de succéder en France, et d'y recevoir des donations, quels que soient d'ailleurs à cet égard les réglemens des pays étrangers vis-à-vis des Français.

L'étranger est justiciable des tribunaux français pour les obligations par lui contractées avec des Français, même en pays étranger; il peut à son tour, et pour le même motif, citer le Français devant les tribunaux de France. Il est tenu dans ce dernier cas de donner caution, pour garantir le paiement des frais de justice, ces frais restant toujours à la charge de la partie qui succombe.

CHAPITRE II.

De la privation des droits civils, par suite des condamnations judiciaires.

On peut être privé de la jouissance des droits civils, et par la perte de la qualité de citoyen, et par suite de condamnation judiciaire.

(6)

Les causes qui peuvent priver un français de cette qualité, sont énumérées dans l'art. 17 de cette section. Ainsi, la naturalisation, l'acceptation sans autorisation du roi, de fonctions publiques dans un pays étranger, etc., constituent une abdication véritable. Les établissemens pour fait de commerce ne sauraient produire cet effet.

Mais de ce que le français aura perdu volontairement cette qualité, s'ensuit-il qu'il ne puisse point la recouvrer par la suite? l'art. 18 a consacré le contraire. Les formalités à suivre dans ce dernier cas, sont les mêmes pour la femme française devenue veuve d'un étranger. Son retour avec autorisation du roi, et sa résidence en France, avec déclaration qu'elle entend s'y fixer, suffisent pour la réintégrer dans l'exercice de ses droits civils; la loi a dû traiter plus sévèrement les Français qui s'affilient sans autorisation à une corporation militaire étrangère. Ces derniers en effet sont tenus pour recouvrer leur qualité perdue, de se soumettre aux formalités prescrites pour les étrangers. Enfin, la réintégration dans l'exercice des droits civils, n'a point d'effet rétroactif, et ne peut par conséquent produire des effets antérieurs à l'époque où elle a été obtenue.

Toutes les condamnations judiciaires, ne privent point ceux qui les ont encourues de toute participation à l'exercice des droits civils. Les unes n'opèrent cette privation qu'en partie, d'autres au contraire, la requièrent en totalité. Ainsi, la mort civile n'est attachée de plein droit qu'à la mort naturelle, les autres peines afflictives perpétuelles, ne l'emportant qu'autant que la loi leur attribue cet effet.

Le but de l'institution de la mort civile a été de retrancher de la société celui qui s'est rendu indigne d'en faire partie, et de le déclarer incapable d'aucun des droits attachés à la qualité de citoyen.

Ces droits sont énumérés dans l'art 25. Le condamné par contumace n'est réputé mort civilement qu'après l'expiration des cinq années de grâce, que la loi lui accorde pour se présenter. Il est néanmoins privé pendant ce temps de l'exercice des droits civils. S'il se présente avant l'expiration du délai de cinq ans, la première condamnation est considérée en elle-même et dans ses effets comme non avenue, et l'accusé n'est tenu que des conséquences du nouveau jugement qu'il est obligé de subir. Une absence de ving ans, affranchit le condamné dès peines qui ont été prononcées contre lui, à l'exception des effets de la mort civile qui ne peuvent jamais cesser.

Le Code ne place point au rang des droits civils le pouvoir d'acquérir. Ainsi le mort civilement, peut exercer cette faculté; mais il ne peut disposer, à quel titre que ce soit, de ses biens, qui demeurent après la mort naturelle, définitivement acquis à l'état.

— ◆ —

CODE DE PROCEDURE CIVILE.

Liv. II. Tit. XXII. — *De la péremption.*

On ne pouvait, sans entraver les tribunaux dans leur marche judiciaire, et rendre tout-à-fait incertaine la position des individus, permettre la prolongation à l'infini d'une instance qui aurait été déjà commencée. La loi devait venir au secours du défendeur, et le protéger ainsi contre le caprice d'un demandeur peut-être injuste. Elle a atteint ce but, en prenant le soin dans certains cas, de mettre elle-même fin aux poursuites. De là, la péremption (de *perimere*) éteindre. On la définit (*l'extinction de l'instance, par la discontinuation des poursuites pendant un temps déterminé par la loi*). Ce principe posé, il nous reste à examiner les règles relatives à la péremption.

Le demandeur qui laisse passer trois ans sans donner suite aux poursuites qui ont été commencées par lui, est présumé les avoir abandonnées, et renoncer volontairement au bénéfice de l'instance. Ainsi, ce délai expiré, tous les actes de procédure relatifs à la même affaire, sont considérés comme non avenus. Mais il peut arriver que la mort de l'une des parties, ou de son avoué, donne lieu à reprise d'instance. La loi a prévu ce cas, et a conséquemment augmenté de six mois le délai de trois ans dont nous venons de parler.

L'intérêt public qui réclame l'extinction des procès, s'opposait à ce qu'il fût admis d'exception en faveur des établissemens publics, des mineurs, même de l'état.

Il existe cette différence entre la péremption et la prescription, que cette dernière est acquise de plein droit, tandis que le demandeur peut au moyen de quelques actes couvrir la péremption. Mais ces actes doivent être valables, et il faut en outre qu'ils soient faits avant la demande de la partie adverse.

Le défendeur qui veut jouir du bénéfice de la péremption acquise, est tenu de la demander par acte d'avoué à avoué, mais il est probable que la demande serait également valable, si, au cas de décès de l'un des avoués, elle était formée par exploit au domicile du demandeur.

La péremption n'emporte point extinction du droit d'action. Elle ne frappe que sur la procédure. Il est des cas cependant où elle peut contribuer à l'extinction de la demande principale.

Le défendeur ne saurait être puni de la faute ou de la négligence de son adversaire; les frais de l'instance périmée doivent peser sur le demandeur seul.

CODE DE COMMERCE.

Liv. I. Tit. III. — *Des sociétés.*

Sect. ii. — *Des contestations entre associés et de la manière de les
décider.*

En matière de société l'arbitrage est forcé. La loi est impérative :
elle a eu pour but, en forçant ainsi les négocians à soumettre leur
contestation à des arbitres, d'épargner des frais à ces derniers, et
d'éviter dans l'intérêt du commerce, les longueurs de la procédure
devant les tribunaux ordinaires. Ainsi, des associés ne sauraient, à
raison des affaires de leur société, procéder devant des tribunaux
supérieurs, sans avoir préalablement soumis leur différend à la décision arbitrale.

Les arbitres sont nommés par les parties, ou bien d'office. Dans
le premier cas, cette nomination se fait par acte sous seing privé
ou par acte notarié. Les arbitres doivent prononcer d'après les règles
du droit, à moins que les parties ne les autorisent, dans l'acte de
nomination, à prononcer suivant les règles de l'équité naturelle.
— La voie de l'appel ou du pourvoi en cassation du jugement arbitral est toujours ouverte à la partie condamnée, à moins que la
renonciation n'ait été stipulée lors de la nomination des arbitres.

Il appartient aux juges de régler d'office le délai pour le jugement
arbitral, mais dans le cas seulement où les parties ne sauraient
s'entendre à cet égard. — Nous avons vu plus haut que les arbitres
peuvent être nommés d'office. Il est clair que cette nomination ne
peut avoir lieu que lorsque les parties refusent de les nommer elles-

mêmes. Mais si un associé refusait de nommer son arbitre, priverait-il les autres du bénéfice que la loi leur accorde ? Non , le juge interviendrait alors , mais seulement pour la partie défaillante.

Les arbitres, avant de rendre leur décision, doivent prendre connaissance des pièces, s'il en existe : dix jours sont accordés pour cette production , à l'associé qui est en retard de les remettre. Si des circonstances impérieuses nécessitaient cependant une prorogation de délai , la loi a laissé aux arbitres le pouvoir de l'accorder.

Le jugement arbitral doit être motivé; il est de plus soumis à d'autres formalités qui se trouvent énumérées dans l'art. 61.

Il peut arriver que des mineurs soient intéressés dans une contestation entre associés. La loi dans ce cas impose aux tuteurs l'obligation d'user de la faculté de l'appel du jugement arbitral. Enfin les actions contre les associés non liquidateurs se prescrivent par cinq ans.

Tit. iv. — *Des séparations de biens.*

La séparation de biens entre époux doit être prononcée par les tribunaux, et ne peut être demandée que par la femme. — La séparation de biens est contractuelle ou judiciaire. Le titre actuel ne s'occupe que de cette dernière. Elle ne peut avoir lieu qu'en vertu d'un jugement. La loi n'a pas voulu qu'elle pût résulter de la volonté seule des époux : une telle séparation eût rendu trop facile la spoliation des droits des tiers. — Les formalités à suivre pour la demande en séparation de biens sont renfermées dans le code civil: liv. 3. tit. 5. chap. 2. section 3; et dans le code de procédure 2me partie, liv. 1. tit. 8.

Sous quelque régime que soient mariés les époux, dont l'un est commerçant, leur contrat de mariage doit être rendu public. La raison en est sensible. Il suffit pour cela, qu'extrait en soit transmis aux chambres désignées par l'art. 872 du code de procédure. Des peines graves sont encourues par le notaire qui négligerait de faire cette remise. L'époux commerçant est tenu de cette même formalité, soit qu'il ait embrassé cette profession postérieurement à son mariage, soit qu'il fût commerçant avant la publication de la présente loi.

———————

Cette thèse sera soutenue le 8 mai 1835, à 10 heures du matin.

Vu par le Président de la Thèse,

LAURENS.

Toulouse, Imprimerie de Marie ESCUDIER, Rue Saint-Rome, n° 26.